Gerhard Polt · Hundskrüppel

Gerhard Polt
Hundskrüppel

Lehrjahre eines Übeltäters

KEIN&ABER
POCKET

Ebenfalls von Gerhard Polt
Ekzem Homo
Der große Polt
Nikolausi
Da schau her
Brauchts des?
Ja mei ...
Mit Respekt
Dr. Arnulf Schmitz-Zceisczyk
Ich muss nicht wohin, ich bin schon da

1. Auflage September 2014
2. Auflage März 2016
3. Auflage Oktober 2019
4. Auflage Oktober 2022

Coverbild: Familienarchiv Polt
Druck und Bindung: CPI books GmbH, Leck
ISBN 978-3-0369-5923-8
Auch als eBook erhältlich

www.keinundaber.ch

INHALT

MIT SORGFÄLTIGER ZUVERSICHT

Bevor ich anfange, das alles zu erzählen, möchte ich schon auch denen Recht geben, die sagen, bei uns wäre nichts los gewesen und wir hätten nichts geleistet, ist falsch! Wir waren halt gezwungen uns zu verhalten, wegen der Bedingungen. Man stelle sich vor – dem Ismeier Mamfred sein Vater ist ziemlich spät aus der Gefangenschaft wieder heimgekommen und damit hatte man gar nicht mehr gerechnet. Als die Mama vom Mamfred dann gesagt hat – »Schau Mamfredi – der Papa ist wieder da – vom Krieg« –, da hat der Mamfred gesagt: »Ein Fresser mehr im Haus«, und da war klar: Alles braucht seine Zeit und heute ist es auch nicht anders. Auch wenn man früher schon – sagen wir mit Stinkbomben – arbeiten wollte, musste man die erst herbringen. Wo bitte ist da der Unterschied zu heute? Und wenn ich mir, sagen wir, ein Ei auslieh von meiner Mutter – da habe ich es natürlich heimlich aus der Küche entwendet –, weil wer sagt schon seiner Mutter, dass er ein Ei braucht, um es im Kino, während des Films, von hinten nach vorne zu schleudern – was im Übrigen, wenn man trifft, ein voller Erfolg ist. Da kann der Film noch so fad sein! Aber bleiben wir beim Thema. Die Mütter sind da fast alle gleich und wollen nur: dass man früh aufsteht, Zähne putzt und laut sagt, man habe wenig Zeit, weil man noch für die Schule lernen will. So was wird immer gern gehört, obwohl meine Schulnoten nie Anlass zu großen Hoffnungen gaben. Der Satz, »Ich muss noch das oder jenes nachschauen für die Schule«, löste immer ein freundliches Nicken aus, aber – … die Wirklichkeit ist immer eine andere als die Wahrscheinlichkeit davon.

Dass ich heute manchmal noch optimistisch bin, verdanke ich meiner Kindheit und denen, die sie mir ermöglicht haben, sonst

wäre ich zu meinem Leidwesen schon allzu
früh erwachsen geworden, wie die anderen
auch, und dann könnte ich mir alle meine
Worte sparen.

PRÜGEL

A: Also, ich sag's Ihnen! Meine Kindheit, das war die Hölle.

B: Warum? Sind Sie ein 40er Jahrgang?

A: Das auch, … aber, was ich geprügelt wurde! … Allein schon wegen dem Blumenkohl! Wir mussten damals noch Karfiol dazu sagen …

B: Wieso? Mochten Sie keinen?

A: Nicht ums Verrecken! … Alles! … Nur bitte keinen Karfiol! … Ich wurde übergelegt! Mit dem Kochlöffel geschlagen! Abgewatscht! Fürchterlich!

B: Mein Gott!

A: Vor allem aber bekam ich Schläge wegen diesem scheiß Grießbrei! … Ohrfeigen, … Fußtritte …

B: Wegen dem Grießbrei?

A: Ich hab' ihn ausgekotzt, grauenhaft! Ich habe eine Allergie gegen Grießbrei! Grießbrei! Einmal hat mir der Vater das Gesicht in den Grießbrei rein – ach – ... gepresst!!

B: Na also, Methoden sind das!

A: Nur Prügel, ... ich sag's Ihnen! Nichts als Prügel – und dann erst der Spinat!!

B: Ach geh –, Sie auch nicht!

A: Kopfnüsse – auf dem Holzscheit knien, den Spüllumpen ins Gesicht, dass er sich nur so um den Hals gekringelt hat ... alles, weil ich brachte diesen Spinat nicht hinunter, verstehen Sie?

B: Bei mir war's der Lebertran!

A: Genau! Das hätt' ich bald vergessen. Zu zweit hielten sie mir den Kopf, rissen mir den Mund auf, ich wäre beinahe erstickt!! ... Ach ja!

B: Und heute?

A: Heute? Heute! – Heut' ess ich alles!

SAUTOT

*I*n einer Metzgerei aufzuwachsen ist ein Privileg, welches von anderen Kindkollegen nicht genug beneidet werden kann. Wenn man im Besitz von echten Kuhaugen, Schweinsbladern, Ochsenfieseln oder gar Stierhörndln ist, dann hat es der liebe Gott besonders gut mit einem gemeint.

Im Gegensatz zu Brutstätten trostloser Fadheit, wie Kindergärten etwa, ist eine Metzgerei ein Event-Paradies, und selbst die Horrorfilme für die Kleinsten sind eine matte Sache verglichen mit einer Hinrichtung – der Enthauptung eines Gockels zum Beispiel –, wo man in der ersten Reihe sitzt, wo das echte Blut spritzt und man mit ansehen darf, wie der Kopf abfällt, während der Rest des Gockels noch über den Schuppen fliegt.

Und dass man mir im Alter eines praktizierenden Analphabeten schon Aufgaben höchster Verantwortung zuteilte! Ich musste beispielsweise nach einem durch Handschlag besiegelten Kauf einer Sau den Erwerb mitfeiern und – so gerecht ging es damals zu – bekam den Foam, d. h. den Schaum, und der Metzger das Bier, bevor wir im Holzvergaser heimfuhren.

Am anderen Tag ging's dann schon ganz früh los. Die Sau schrie fürchterlich, aber nicht allzu lang. Bei der Führung des Schussapparates unterstützte mich dann schon ein Geselle.

Nach dem *Bumm* war die in einen Pferch eingespannte Sau dann ziemlich hin, und ungerührt rührte ich das Blut. Die erste Blunzn (Blutwurst) gehörte mir, und, auch auf die Gefahr hin, dass ich mich wiederhole: Kinder in einen Kindergarten stecken, statt in eine Metzgerei, ist einfach eine Sauerei.

DIE WEISSWURSCHT

Jeden Dienstag ganz in der Früh wurde nach mir gerufen, und gnädigst ging ich zu den Rufern. Ich hatte damals viel Zeit, weil ich nicht in den Kindergarten musste. Alle standen sie da, Spalier! Der Metzger, bisweilen seine Frau, seine drei Gesellen und die zwei Lehrbuben. Feierlich überreichte man mir die Weißwurscht. Ich roch, prüfte noch einmal, dann schob ich sie in den Mund und zuzelte, zuzelte – dann hielt ich die Haut triumphierend in die Luft. »Und?« Erwartungsvolle Augen blickten mich an. »Und?!« »Sehr guat!«, sagte ich. »Sehr guat! – Narrisch guat!« Überall ein erleichtertes Aufatmen. »Guat«, sagte der Metzger, »wenn's aso is, dann vakauf ma's!«

Ob Sie es glauben oder nicht, diese lang-
jährige Prozedur hat mein Selbstbewusstsein
enorm gefördert.

BEHUTSAMKEIT

Das einzig Schöne an der Schulzeit war der Schulweg – und da vor allem die Schulfahrt mit der Trambahn. Da die Welt früher noch tolerant war, durfte man öffentlich nikotinieren und das taten wir auch – auch wenn sich mancher Griesgram darüber aufgeregt hat. Das Schöne aber war, dass viele Männer einen Hut aufhatten, und dass es für uns eine Herausforderung war, den Hut als einen natürlichen Aschenbecher zu benutzen. Wir legten die noch brennenden Zigarren- oder Zigarettenstumpen auf die Krempe oder in die Hutdulle, und wenn die Trambahn in die Kurve ging, rollte der Stumpen auf dem Hut herum und erzeugte einen Filzschwelbrand. Wenn der Hut des Fahrgastes zu sehr qualmte, dann wurde er meist von Mitfahrern angesprochen, er solle doch seinen Hut löschen.

Meistens wurden wir Jugendliche als Initiatoren der Hutbrände verdächtigt. Obwohl es so gut wie nie einen Beweis dafür gab.

Einmal hat ein Hutträger – erschrocken, weil sein Hut schon geraucht hatte wie bei einem Köhler – sich diesen vom Kopf gerissen, auf den Boden geworfen – und ist dann darauf herumgetrampelt – und hat immer geschrien: »Hundskrüppel, verreckte!« Der Mann war ganz aufgebracht.

Die Leute fürchteten sich vor der Zukunft, weil sie immer wieder sagten: »Mit dieser Jugend, was soll das noch einmal werden?«

Aber genau betrachtet sind wir – ohne Ausnahme – doch trotzdem was geworden. Oder sehen Sie das anders?

BLASPHEMIE

*I*n aller Herrgottsfrühe aufstehen müssen ist wahrlich grauenhaft – und noch dazu, weil die Frühmesse immer so früh anfängt. Die Frühmesse hat's in sich – weil wenn man noch nüchtern ist, einen keine Rohrnudel oder ein Butterbrot mit Butter oder wenigstens ein Kaugummi aus der Magenleere befreit, dann wird sie unendlich lang, die Frühmesse. Sie hört einfach nicht mehr auf. Immer wieder Summsum Corda – Spiritum Sum – Mea Culpasum. Mein Gott! – dieses ständige Gesums. Dann die Predigt, die Wandlung, die Kommunion – 's hört nicht auf. Die Oblate krieg ich eh nicht, weil ich nicht gebeichtet habe.

Vor mir in der Bank sitzt der März Wolfgang. Seine Ohrwascheln sind enorme Lauscher, und weil alle Buben so am Hinterkopf geschoren waren, kamen die Ohren immer gut zur Geltung und beim März Wolfgang, der mit mir in die Klasse ging, auch.

Das Klingeln zur Wandlung war besonders lang. Die Wandlung zog sich und alles war fürchterlich langatmig. Bis auf einmal wie ein Blitz – das Sonnenlicht in das bis dato dunkle Kirchenschiff blitzte. Einige Strahlen brachen durch die Butzenscheiben des gotischen Fensters und erleuchteten justament die Ohren des vor mir knienden März Wolfgang.

Diese Farben! – Grün – violett – rot – gelb – enorm! Bewegte sich der März Wolfgang leicht, waren seine Ohrwascheln voll illuminiert. Wunderbar! Jetzt kam eine Stimmung auf. Immer wenn der März Wolfgang zu lange im Gebet versank, kitzelten wir ihn von hinten. Dann bewegte er den Kopf – und die ganze gotische Farbenpalette auf seinen Ohrwascheln war uns Entschädigung genug. Er selbst sah sie nicht, aber wie in einer Diskothek, wo sich psychedelische Spotlights drehen, bescherte uns der März Wolfgang die lang ersehnte Kurzweil.

Doch da! Plötzlich! Schnellte ich dem Ausgang zu – der bekannte Karnickelgriff hievte mich in die Höhe –, und dann krachte es – zwei, drei fürchterliche Watschen und ein Fußtritt folgte unmittelbar. Dann die Stimme des Messners, unvergesslich! »Du Hundskrüppel, du verreckter – an lieben Gott beleidigen –, wart nur – du kommst sicher in d'Höll.«

Diese Frühmesse! Mir ist jetzt noch schlecht – Weihrauch auf nüchternen Magen! Aber dass ich in die Hölle muss, glaube ich einfach nicht.

Dass dem lieben Gott nichts entgeht, weiß doch ein jeder. Und wahrscheinlich war ihm diese Frühmesse viel zu langweilig – und es war doch wohl er und kein anderer, der wusste, dass der März Wolfgang vor mir saß und er deshalb die Sonne hat scheinen lassen, auf dass die Ohrwascheln so gut zur Geltung kommen konnten.

Nein – ich komm sicher nicht in die Hölle, und der Herrgott wird doch wohl über sich selbst noch lachen dürfen, oder?

DER REGENWURM

Dass ich es nicht war, stimmt, ob es der
Rudi war, weiß ich nicht. Der Hohenberger hätte es sein können, aber auch der
Brey. Den Bob haben sie wahrscheinlich
schon zum Essen geholt gehabt, der war nicht
mehr da. Also bleibt höchstens noch der
Hansi, und der schwört, er war's nicht.

Geregnet hat es wie die Sau und da stand
er, der Kinderwagen, allein, genau vor der Ge-
schäftstür, und der Säugling hat gebrüllt wie
am Spieß, grauenhaft – Kinder leiden besonders unter Säuglingsgebrüll.

Der Kinderwagen schaukelt von dem Ge-
brüll und weit und breit keine Menschensee-
le. Die Mutter ratschte wahrscheinlich mit
der Kramerin, und irgendeiner von uns fand

dann den Regenwurm und hielt ihn hoch. Er war durch den Regen schön gewachsen und aalte sich herum, wie es sich für seine Zunft gehört.

Wir schauten uns alle an irgendwie – und dann kam das Einverständnis von selber, ohne unser Zutun –, und vielleicht war's doch der Hohenberger, der dem Säugling den Regenwurm zum Fressen gab, der Bob war's sicher nicht, weil der zum Essen heim musste, der Rudi hätt's sein können, aber der Hansi sagt, er – unter keinen Umständen –, ich war's sicher nicht, weil sonst müsste ich es wissen – und weil es plötzlich so ruhig war, wie der Säugling den Regenwurm verschluckt hat, sind wir dann alle sehr schnell heimgegangen und der Brey ist jedenfalls auch nicht mehr dageblieben.

DAS BRENNGLAS

*E*iner von unseren Hauptfeinden waren die Türkenstraßler. Sie waren gefürchtet – nicht weil die so tapfer gewesen wären, sondern wegen ihrer Vielzahl. Wir von der Amalienbande waren viel tapferer, aber viel weniger – und immer hat's von Türkenstraßlern nur so gewimmelt.

Dass wir uns mit denen von der Adalbertstraße verbündeten, war eigentlich nur wegen der Übermacht des Türkengschwerls.

Ich selber kannte die Gefahr sehr gut – und wenn man das Pech hatte, von den Eltern in die Türkenstraße geschickt zu werden, um Besorgungen zu machen, konnte man das nur in Begleitung von Bodyguards, Leibwächtern und so, weil wenn man entdeckt wurde, z. B.

beim Einkauf von einem Wirsing, dann konnte es schnell passieren, als Geisel in der Hand der Bande einen unrühmlichen Tag zu verbringen.

Aber einmal wendete sich das Blatt, und vorne an der Ecke zur Schellingstraße ging uns ein Türkenstraßler ins Netz. Er leugnete zwar sein Verbrechen und behauptete frech, ein Theresienstraßler zu sein, aber wir schenkten ihm keinen Glauben. Er wurde von uns verurteilt und die Strafe war eindeutig: Folter – und zwar dritten Grades. Nämlich die, die Comanchen Verrätern angedeihen lassen.

Der vorgetäuschte Theresienstraßler hieß Rudi und sein Benehmen war unerhört – jedenfalls uns edlen Amalienstraßlern gegenüber –, die über solche Schimpfworte – wie »ihr Arschlöcher« oder »Dreckhunde« – erhaben waren.

Unser Häuptling und Chef, der Hansi, sinnierte lang: »Was können wir dem Feind antun?«

Es musste etwas sein, was unseren Ruf, besonders unbarmherzig zu sein, verfestigte, damit die Türkenstraßler zukünftig schon beim Hören unseres Namens in die Hose schissen.

Bei aller Bescheidenheit, aber ich erlaube mir darauf zu verweisen, es war ich und kein anderer, der die Idee hatte. Ich sagte: »Ich habe daheim ein Brennglas – und das ist ideal!«

Der Hansi und die anderen waren begeistert. Ich bin gleich heimgelaufen und habe das Brennglas gesucht – es war aber nicht an seinem Platz, die Oma hatte es wohl zweckentfremdet und Briefmarken begutachtet. Ich war hell verzweifelt. Ohne Brennglas! Wie stehe ich denn da da, vor den anderen? Und der Delinquent, die Drecksau, kommt ungesühnt davon!

Endlich, ein Stein plumpste mir vom Herzen, fand ich es unter einem Zeitungspacken und rannte zurück zum Gerichtsplatz.

Dort hatte man dem Kandidaten bereits trotz seines Protestes die Schuhe und Strümpfe ausgezogen. Er war gefesselt und geknebelt. Unkas, der letzte Mohikaner, hätte es nicht besser machen können, und mit Triumphgeheul wurde die Lupe begrüßt. Jetzt geht's los! Wir hielten dem gebändigten Rudi das Brennglas so hin, dass erst der kleine Zeh angeschmort wurde. Da sich der Knebel aus seinem Mund gelöst hatte, schrie er wie am Spieß. Erschrocken, obwohl wir sicher waren, dass das bisschen Brutzeln gar nicht so schlimm hatte sein können, weil ja fast keine Sonne schien, rannten wir davon.

Der Rudi markierte jedenfalls große Schmerzen – und ist drei Tage lang nicht mehr in die Schule gekommen. Er war krank geschrieben worden und diese Tatsache verdankte er wirklich uns – und noch mal in aller Bescheidenheit –, auch mir, weil ja schließlich ich das Brennglas dahergebracht habe.

EHEDEM

Der Kramerladen war gesteckt voll Kunden, meistens -innen.

Die Kramerin schwitzte, weil das Mariele heute frei hatte und sie allein den Laden schmeißen musste.

Plötzlich – vor aller Kundschaft – blähten sich ihre Nasenflügel. Sie schnupperte! Hochspannung! Zwischen Essiggurken, Waschmitteln und offenem Sauerkraut!

»Riechen Sie's?«, fragte die Kramerin in ihr Publikum hinein. »Riechen Sie's nicht?!«

Überall begann ein Grieche und Geschmecke – vereinzeltes Kopfnicken!

»Gell«, sagte die Kramerin mit einer Gewissheit, die keinen Zweifel aufkommen ließ, »des stinkt da herin nach … Scheiße.«

Jetzt war der Bann gebrochen. Ja! Alles nickte. Die Zuordnung des Geruchs war gesichert. Bevor aber auch nur die geringsten kritischen Bemerkungen oder gar eine Skepsis über mangelnde hygienische Verhältnisse aufkommen konnten, beruhigte sie, die Kramerin, ihr Klientel: »Wird doch ned der Bubi wieder ins Salz nei gschissn ham! Wissen Sie, unser Bubi spielt immer so gern im Salz!«

DER STAR

*B*eim Humpel im Feinkostgeschäft wurde
es mehrfach erzählt und alle, vor allem
die Kunden, waren wie elektrifiziert, weil im
Haus Nr. 81 im 3. Stock ein Star wohnt. Ein
Filmstar – ausgerechnet in der Wohnung, wo
der Herr Mirzl herausgestorben ist. Die Wohnung ist eigentlich zu klein für einen Star –
und noch dazu gibt's keinen Lift im Haus. Die
Frau vom Fotogeschäft hat einen Zwieback
gekauft und gesagt – der Star hätte sich bei
ihnen persönlich von sich selber Fotos machen lassen. Und früher war er im Theater
irgendwie, bevor er Star war.

Im Zweiten Deutschen Fernsehen hat er
im Nachmittagsprogramm Maultaschen gegessen. Diese Sendung ist aber auch wieder-

holt worden, und in der Sendung von dem Roman – der in Irland spielt – hat er »Verrat!« geschrien. Die Frau Glöckerl hat's eigenhändig gesehen. Ich selbst habe den Star noch gar nicht zu Gesicht bekommen. Aber wo die Wohnung vom alten Mirzl ist, weiß ich. Und der Hinrainer Rudi und wir anderen haben dann mit einem Kanonenschlag den Briefkasten weggesprengt – wo aber noch der Name Mirzl draufgestanden hat.

Jedenfalls wird der Star bald merken, dass wenn er ein Prominenter ist, ist das kein Honigschlecken. Und wenn er ein Cabriolet fährt und vergisst, das Verdeck zuzumachen, dann könnte es passieren, dass es nicht nur hineinregnet, sondern dass er vielleicht auch einmal eine Scheißwurst auf dem Fahrersitz findet.

Ob der ein Star ist oder nicht – jedenfalls an uns kommt der nicht so einfach vorbei.

DIE SCHULSPEISUNG

*I*ch hatte immer viel Freude an Lebensmit-
teln. Vor allem an der Schulspeisung. Diese
befand sich in meinem mitgebrachten Blechnapf und war lauwarm. Sie bestand aus Flüs-
sigem mit festeren Brocken und einer Art
Schleim.

Nach der Schule benutzte ich sie oft, um
sie meinen Lieblingsfeinden ins Gesicht zu
schwappen. Dies ist mir Gott sei Dank öfters
gelungen. Aber auch ein Volltreffer im Genick
konnte mich mit wahrer Begeisterung erfül-
len. Die Tat besudelte den Feind, sodass er
erkenntlich gedemütigt war und meine Mit-
schüler johlten bei jedem Einschlag. Der
Feind, meistens ein Subjekt aus der Parallel-
klasse, benutzte diese von den Amerikanern

gesponserte Aufbauhilfe ebenfalls gern als Munition und oft bekam auch ich einen Treffer ab. Es näherte sich dann, glaub' ich, der Koreakrieg, und bei uns daheim herrschte Schule. Ab da musste man dann ohne Schulspeisung auskommen, und als die ersten Pausebrote auftauchten, konnte man sie eintauschen gegen Dienstleistungen, z. B. ein Wurstbrot für eine Hausaufgabe oder zwei Honigbrote für eine Strafarbeit. Jedenfalls merkte man, dass es ab da spürbar bergauf ging.

FRAGE

Bei der Frau Pemmerl haben wir immer ins Klofenster Schneebälle hineingeschmissen. So vergingen oft ganze Nachmittage, aber so 200 Bälle haben wir schon hineingebracht. Das war im 2. Stock. Im 1. Stock hauste der Künstler und der hatte sein Atelierfenster immer offen. Und wenn wir ihm da was hineinwarfen, waren wir auf Jahreszeiten nicht angewiesen. Vor allem im Sommer: Orangenschalen, Apfelbutzen, Eier – harte, weiche. Das Studio des Künstlers wurde ein Eldorado für Insekten aller Art. Der Künstler wirkte schon so ... anders und sein Verhalten war auch ... merkwürdig. Als wir gerade Fußball spielten, kam er auf mich zu und fragte mich: »Kennst du jemand, der hier Abfälle in mein

Atelierfenster wirft?« Ich musste nicht lange überlegen: »Nein«, sagte ich bestimmt und schüttelte den Kopf. »Bist du sicher?«, fragte der Künstler und schaute mich so … komisch an. »Ja«, sagte ich. »Ganz sicher!«

So unverschämt gelogen habe ich eigentlich nie mehr – aber wenn einer schon so komisch fragt … Da war die Frau Pemmerl schon besser informiert. Die wusste genau, von wem die Schneebälle waren. Aber das war auch im Grunde keine Kunst.

DA CAPO

Du, ich weiß was mir machen!«, habe ich zum Herbert gesagt. »Was?«, war die Antwort. »Mir läuten bei der Frau Mitterwieser! – Einfach so, und mir stecken ein Zündholz in die Klingel, dass der Knopf blockiert und es ständig läutet«.

Leider flog das Zündholz immer wieder heraus, sodass ich dem Herbert erklären musste, dass wir, wenn's nicht geht, mit dem Daumen länger auf der Klingel bleiben müssen. Der Herbert hat sein Bestes getan. Die Frau Mitterwieser hat dann vom Fenster herunter geschrien: »Ich erwisch' euch schon, ihr Sauhund…«

Gleich am anderen Tag haben wir wieder geläutet. Und der Herbert hat gedrückt, so lange es geht. Aber die Frau Mitterwieser hat ihm aufgelauert und hat ihm ein paar gschmiert, dass er gleich Nasenbluten gehabt hat. Ich hab' ihn beruhigt und hab' ihm gesagt: »Herbert, des lassen mir uns nicht gefallen! Heut Nacht – da läut' ma wieder.«

DIE ZIELSCHEIBE

Der Ausdruck – eine alte Bissgurn – passte ziemlich genau auf meinem Spezi Helmut seine Tante. Sie wollte vor allem keinen Besuch in der Wohnung und sie hasste es, wenn der Helmut Freunde hatte, weil er diese dann zuweilen manchmal zu sich einlud. Die Tante war der Zerberus, und immer wenn man läutete, um den Helmut zu treffen, machte sie die Tür einen Spaltweit auf und geiferte heraus: »Der Helmut is ned da und er kimmt a ned – weil er ned da is!« Man musste gute Ohren haben, um zu unterscheiden, ob die Tante etwas von sich gab oder ob es die Tür war die quietschte. »Da braucht's gar ned läutn«, keifte sie, »weil der Helmut is ned da und da braucht's aa keinen Dreck reintragen.«

Dreck oder *Dreeg*, wie sie sagte, trug jeder herein, der den Helmut besuchen wollte, und Dreck war für die Tante identisch mit Besuch. Nur über Besucher konnte der Dreeg das Heiligtum Wohnung schänden. »Warum läut's denn überhaupt, wenn der Helmut ned da is?« Wenn man aber läutete, dann war der Helmut erst recht nicht da und »wann er kommt, weiß kein Mensch«. Wenn wir also hören wollten, dass der Helmut nicht da ist und auch nicht kommt, mussten wir nur die Glocke bedienen und dann verkündete die Tante die behauptete Gewissheit!

Meist schubste der Helmut sie dann unsanft zur Seite, winkte gut gelaunt mit dem Arm ein »kommt's nur rein« und man betrat den Flur, die Tirade der Tante »jetzt kann ich wieder putzen – was da jedes Mal für ein Dreck reinkommt und ich muss den Dreeg wieder wegputzen, weil's ihre Schuh ned abputzen, obwohl's von außen reinkommen!« ignorierend. Der Helmut blieb eisern freundlich und geleitete einen ins Wohnzimmer, wo er frühstückte. Der Tante – nun bewaffnet mit Schrubber und Putzkübel – schlug er die

Tür vor der Nase zu, worauf sie gezwungen war noch lauter zu schreien, um ihr Lamento durch die verschlossene Tür dringen zu lassen. Wie gesagt, der Helmut frühstückte gerade, er ließ es sich richtig gut schmecken. Die im Hausgang sich echauffierende Tante hörte er gar nicht. Als sie es aber schaffte, durch die Küche zu uns ins Wohnzimmer zu gelangen, wandte sie sich direkt an ihn, mich mit blitzenden Augen luziferisierend: »Gestern waren zwei da herin, auch dieser Wölt oder Böll oder Pölt oder wie immer der heißt« – damit meinte sie mich! –, »nichts wie Dreck tragen's rein! Was hilft's, wenn ich sage, du bist nicht daheim, wenn's dann doch reinkommen, weil du sie reinlasst!«

Da wurde der Helmut auf einmal merkwürdig leise. »Staad!«, zischte er die Tante an. »Sei staad!« Diese brauchte noch nicht einmal Atem zu holen, um ihre Wiederholungen zu wiederholen. Triumphierend reckte sie, als Beweis für ihre Theorie vom Dreck, einen Lumpen in die Luft. »Mir brauchen da herin keinen Besuch, der sich einen Dreck kümmert, um den Schmutz, den er uns reintragt.«

Vergeblich füllte Helmuts drittes »sei staad« den Raum. Deshalb legte er sich ein Honigbrot auf die Handfläche, fixierte die Tante, zog aus und schleuderte es in Richtung Tante, die nicht einmal den leisesten Versuch gemacht hatte auszuweichen. *Patsch!* – das Honigbrot klatsche an die Wand, an eine ganz normale weiße Wand, und glitt dort langsam wie eine Schnecke nach unten. Die Tante, völlig ignorierend, dass sie eine Zielscheibe darstellte, die eben verfehlt worden war, zeterte weiter: »Immer wieder muss ich's sagen, dass mir genug Dreck daheim haben, weil keiner von deinen Kumpanen die Füß' abstreift, obwohl überall Fußabstreifer sind. Schließlich hab' ich extra ein Schild hinmontiert *Füße abstreifen!* Aber meine Gutmütigkeit hat auch einmal ein Ende!« Der Helmut nahm jetzt ein Marmeladebrot in die Hand und *Wusch!!* haarscharf flog es wieder an der Tante vorbei an die Wand und glitt, nun ebenfalls einem alten physikalischen Gesetz folgend, neben dem Honigbrot nach unten. Die Tante schimpfte weiter, ohne jedoch den neuen Sachverhalt in ihr Repertoire einzubauen. Da zeigte der Helmut auf ein Zuckerrübensirup-brot. Er wollte mir wahrscheinlich den näch-sten Wurf ankündigen. Aber bevor ich das Ergebnis bewundern konnte, verabschiedete ich mich dann doch noch schnell.

Ich habe mich verpfiffen, »verpisst« wie man heute sagen würde. Vielleicht hätte mich der Helmut dazu eingeladen, ebenfalls auf die Tante zu werfen. Und ich bin mir sicher – was immer ich dann geworfen hätte, eine Semmel oder ein Wurstbrot oder möglicherweise auch nur ein Spiegelei –, ich hätte getroffen! Und das hätte mein Renommee bei der Tante be-stimmt nicht wesentlich verbessert.

MEIN AMI

*E*s wird behauptet, ich hätte es so gesagt
und dass man daraus schon frühzeitig auf
meinen Charakter habe schließen können.

Ein amerikanischer Wachposten schenkte
mir den damals sehr beliebten Cadbury Schokolad. Ich nahm ihn gerne an und deutete
gleichzeitig mit dem Finger nach oben. Der
GI verstand. Hopp – saß ich auf seinen Schultern und verspeiste dort oben genüsslich meine Tafel Schokolade.

Der Ismeier Mamfred muss das gesehen
haben. Er stellt sich vor uns hin und will auch
einen Cadbury. Ich hätte dann, so wird behauptet, prompt reagiert und vom Ami herun-
tergeplärrt, der Mamfred solle sich schleichen
– abhauen –, weil das sei mein Ami, und

wenn er einen Schokolad will, dann soll er sich gefälligst selber einen Ami suchen!

DER WEPS

Dass ich mir die Geschichte nicht ausge-
dacht habe, kann ich nicht beweisen:
Auch im Herbst ist der Schliersee sehr bevöl-
kert, so wie jeder andere See, wenn die Sonne
scheint und es für die Jahreszeit noch zu warm
ist. Es war also am See: Meiner Großmutter
war es gelungen, an einem Tisch noch einen
Platz zu ergattern, für uns beide. Das gnädige
Gesicht vergisst man nicht, mit dem der Tischbesitzer uns Sitzplatzsuchern die Stuhlbenut-
zung gewährte. Und wenn man es gesehen
hätte, würde man mein Verhalten noch besser
verstehen. Dieses wurde aber erst ermöglicht,
weil meine Oma mir eine Afri-Cola bestellte.

Jeder, der einen zu warmen Herbsttag
kennt, weiß auch um seine unvermeidliche

Begleiterscheinung – den Weps! – In der Schule mussten wir immer die Wespe schreiben. Warum eigentlich? Also, der Weps war schon da und jonglierte auf dem Strohhalm meiner Afri-Cola. Da musste der Tischbesitzer aufs Klo, und in seiner Abwesenheit brachte die Bedienung ein Stück Holländer-Kirschtorte, die er schon bestellt hatte, als er noch ohne meine Großmutter und mich den Tisch mutterseelenallein innehatte. Für mich war sehr schnell klar – schließlich war ich noch unschuldig –, die Abwesenheit des Unsympathen musste genutzt werden. Ich schoss, oder besser, katapultierte den Weps mit dem gespannten Mittelfinger von meinem Strohhalm mitten in die Holländer-Kirschtorte. Sein penetrantes Gesumm wurde von der Schlagsahne verschluckt. Nichts verriet seinen Aufenthaltsort.

Als der Klogeher zurückkam, wurde es spannend. Unvoreingenommen löffelte er genüsslich mit der Gabel in der Torte. Keine Angst! Er schluckte den Weps nicht, sondern entdeckte ihn, aus seiner Sicht, rechtzeitig, weil, um ehrlich zu sein, von mir hätte er nichts erfahren, und meine Oma hatte den gesamten Vorgang gar nicht bemerkt. Jetzt ging's los! Die Kellnerin wurde geholt, beschimpft, ja angebrüllt. Worte wie Saustall, Mord und Entschädigung fielen und sogar der Geschäftsführer kam persönlich. Auch meine Oma solidarisierte sich mit dem Unsympathen und schüttelte den Kopf – aber so ist das halt mit der Naivität! Wir alle mussten dann, glaube ich, nicht mehr bezahlen. Der Weps hatte seine Schuldigkeit getan. Seitdem ist mein Misstrauen der Gastronomie gegenüber gewachsen. Eine Torte mag noch so sehr einen Eindruck machen. Was drin ist, darauf kommt es an!

DER RATZ

Der Burli hat ihn aufgestöbert und konnte für sich in Anspruch nehmen, die Sache erst ins Rollen gebracht zu haben. Der Burli war ein Terrier und als solcher hatte er in der Metzgerei einen verantwortungsvollen Posten innegehabt, der ihm sehr viel abverlangte – nicht zuletzt Selbstdisziplin –, wie man sich denken kann.

Eine Ratte in einer Metzgerei wirft natürlich immer Fragen auf, die der Klärung bedürfen, bevor das Renommee sinkt und Gerüchte zirkulieren, die in diesem Handwerk nicht erwünscht sein können. Dem Burli sein Gebell hat jedenfalls den Alarm ausgelöst und eine wilde Jagd begann, leider – sagen wir die Wahrheit – mit unzulänglichem Erfolg.

Diese Ratte – oder war es ein Er? – verkroch sich im Labyrinth unzähliger Schlupfwinkel und nach zweitägigem Bellen resigniert auch der drahtigste Terrier, obwohl der Feind in der Deckung wahrscheinlich noch seine gesamte Verwandtschaft zusammentrommelt, um, inmitten einer untadeligen Schlachterei, ein ungestörtes Schlemmerleben zu führen.

Darum beschloss man im obersten Metzgereirat, dem Burli die alleinige Jagdaufsicht zu nehmen und zu Mitteln zu greifen, die allgemein umstritten sind: zum Rattengift. So wurde die totale Entratzifizierung eingeleitet. Das Ergebnis war – ich weiß Sie ahnen es –, der Burli muss was abgekriegt haben und überlebte nicht. Der Ratz aber, oder soll man ihn schon in der Mehrzahl nennen, hinterließ immer deutlichere Spuren seines schamlosen Treibens.

Es war der Engstätter Winfried, Lehrbub im zweiten Jahr – ich betone, er und kein anderer –, dem der Zufall zu Hilfe kam und der durch einen gezielten Wurf mit dem Wagenheber den Ratz voll traf, was sowohl als

Wurfleistung respektiert gehört, aber natürlich auch der Dreistigkeit zu verdanken ist, mit der sich das Vieh am helllichten Tag hinübertraute zur Hachémaschine. Dass der Engstätter Winfried dann tatsächlich den Ratz am Schwanz triumphierend hochgehalten hat und dann im hohen Bogen in den Hachétrichter vom Leberkäs hineingeschmissen hat, das gehört freilich ins Reich der Gerüchte. Aber wie man weiß, sind Gerüchte, ganz wurscht, ob's in einer Metzgerei Ratten gibt oder nicht, überhaupt nie totzukriegen.

DIE SCHNITTE

Die Tante Marie hat es selber gesagt, weil unweit von uns Flüchtlinge – irgendwelche von da drüben – sich ein Haus gebaut haben, da hat sie gesagt, denen sollte man einen Benzinkanister hineinschmeißen und anzünden, dann wäre gleich eine Ruhe! Mir kam dieser Vorschlag damals ganz logisch vor, nicht zuletzt auch, weil die Tante Marie gesagt hat: »Da fliehen's, und natürlich zu uns! Die hätten ja auch woanders hinfliehen können, vor allem, wenn sie keinen gescheiten Fluchtweg nicht haben.«

Lieber Leser, wenn man das jetzt so liest, ich weiß, dass dann die Tante Marie nicht ganz so überzeugend wirkt, weil oft ist es ja auch so – liest man was, ist das nicht immer so authentisch, wie wenn man's persönlich hört, obwohl die Geschichte jetzt schon weit über ein halbes Jahrhundert her ist. Die Aussage von der Tante Marie hat auf mich einen großen Eindruck gemacht, und Flüchtlinge, noch dazu, wenn sie bei uns ein Haus gebaut haben, von unserem Geld, obwohl sie drüben nichts gehabt haben außer Schulden, und die hätte ihnen der Russe niemals weggenommen, das prägte meine Vorstellung vom Flüchtling im Allgemeinen.

Nun aber war ein Abkomme von solchen Flüchtlingen der Wolfgang – und der war eigentlich sehr nett und ging mit mir in dieselbe Schulklasse, und eines Tages zeigte er mir bei sich daheim etwas, ein Spielzeug – deutsche Granatwerfer in Stellung –, das er gegen ein in meinem Besitz befindliches echtes Ochsenauge eintauschen wollte. Die Flüchtlingsfamilie war sehr freundlich zu mir, was mich natürlich gleich sehr skeptisch machte, und als die Flüchtlingsmutter mich fragte, ob ich eine Schnitte haben wolle, sagte ich empört: »Nein!«

Als dann der Wolfgang eine Schnitte aß und ich sah, dass es sich dabei um eine Scheibe Brot handelte mit irgendwas drauf, was Flüchtlinge halt so zu sich nehmen, da wurde mir bewusst, dass diese Flüchtlinge tatsächlich ganz andere Menschen waren, und, bei aller Freundlichkeit, das würde doch noch eine Zeit dauern, bis dass sie gastronomisch bei uns integriert sind. Die Tante Marie hat dann doch keinen Benzinkanister ins Flüchtlingshaus geworfen, weil sie es dann allen noch mal gesagt hat: »Es wäre schad' ums Benzin.«

DER ERBLASSER

Wenn einer Ignaz heißt, dann wird er meistens Naz oder Nazi genannt, aber dass einer ein Nazi ist und Heinz heißt, ist doch recht wundersam. Am Sonntag musste ich zum Onkel und meine Mutter hat gesagt, ich muss mich zusammenreißen, weil der Onkel auch ein Erbonkel ist und er auf Manieren Wert legt. Ich musste in den Kommunionsanzug hinein, obwohl es sauheiß war und die Sonne gleißte, und überhaupt war ein solches Badewetter, wo man überhaupt nicht gern zu einem Erbonkel geht.

Beim Onkel waren dann viele Leute. Meine Mutter hat mich überall vorgestellt und ich musste jedem »Grüß Gott« sagen. Meine Mutter flüsterte mir noch ganz leise zu: »Das sind lauter alte Nazis«, aber um ehrlich zu sein, so ganz habe ich gar nicht verstanden, was das ist.

Als sie mich fragten, ob ich gerne in die Schule gehe und ob man mir im Geschichtsunterricht auch nur die halbe Wahrheit erzähle, habe ich gesagt, ich weiß es nicht, weil mich die andere Hälfte auch nicht interessiert. Eine Frau, die ganz streng die Haare nach hinten gekampelt hatte, mit einem Haarknoten, fragte mich, ob ich auch das amerikanische Zeug und dieses Negergedudel mag. Ich habe aber geantwortet, dass mir von Amerika am besten der Unkas, der letzte Mohikaner, gefällt und er leider schon tot ist. Da hat dann die Frau zu den anderen gesagt: »Typisch, von den Wilden, das Zeug lesen sie, aber über die Nibelungen nichts.«

Ich habe dann von der Bowle probieren dürfen und der Onkel, also der Erbonkel, hat geschwärmt, das sei noch die alte Waldmeisterbowle, wie es früher war, vor der Erniedrigung.

Ein anderer Nazi, mit einer randlosen Brille auf der Hakennase, fragte dann meine Mut-

ter: »Und das ist also der Filius?! Geht er einmal zum Militär?« Meine Mutter beschwich-
tigte aber den Nazi und meinte: »Kommt Zeit,
kommt Rat.« Aber der Nazi sagte: »Nein, gnädige Frau, so dürfen Sie nicht denken, weil
wenn der Russe heute marschiert, dann ist er
morgen am Atlantik.«

Ich habe schon gemerkt, dass meine Mutter bald wieder heimgehen wollte, aber der
Erbonkel hat gesagt: »Heute ist's sehr gemüt-
lich, obwohl wir die scheiß Amerikaner im
Land haben.«

Dann wurde der Badenweilermarsch auf-
gelegt und alle sagten »Prost«. Und dann pas-
sierte mir etwas – na ja –, irgendwie wollte ich
meiner Mutter helfen, dass sie bald wieder
heimkommt, außerdem waren alle meine
Spezln beim Baden und vielleicht war's auch
die Bowle. Ich hatte schon drei Glas davon
getrunken, weil ein anderer Nazi zu mir gesagt
hatte, ich sei ein Germane und als solcher
muss ich dem Waldmeister zusprechen.

Jedenfalls schrie ich ganz laut, dass es ein
jeder hören konnte, was mir dem Ismair sein
Vater schon einmal gesagt hatte: »Der Hitler

ist ein Verbrecher und eine Drecksau!« Da wurde es plötzlich ganz still. Alle Nazis schauten auf mich und meine Mutter. Auch der Badenweilermarsch marschierte nicht mehr.

»Dorothea,« sagte der Erbonkel und starrte meine Mutter an. »So erziehst du also meinen Neffen?« Meine Mutter war verlegen und lachte: »Na ja, Kinder … Kindermund«. Aber die Frau mit dem Haarschopf schrie: »Der ist immerhin schon acht Jahre, kennt er denn nicht die Schandverträge von Versailles?« Es wurde sehr ungemütlich und wir sind schnell heimgegangen.

Ich wollte dann noch vom Drei-Meter-Brett runterspringen, aber der Bademeister hat es verboten, und der Roßberger Willi hat gesagt, der Bademeister ist ein Nazi. Komisch, aber heißen tut er wirklich Naz, mit Nachnahmen Freilinger, Ignaz Freilinger.

Übrigens, der Erbonkel ist neulich verstorben und da hat sich herausgestellt, dass er doch nur ein Onkel war – wie jeder andere auch.

WEISS-GRÜN

Wenn es wahr ist, was jetzt geschildert wird, dann ist das natürlich abschreckend unappetitlich, unerhört – und man kann sich wirklich fragen, ob man so eine Schweinerei einer mehr und mehr hygienisch verwöhnten Leserschaft überhaupt zumuten soll. Die Sache ist wenigstens schnell erzählt, aber sie beweist, dass es trotz pädagogisch wertvoller Bücher wie *Struwwelpeter* und *Max und Moritz*, trotz aller einschlägigen edukativen Maßnahmen, den destruktiven Anlagen mancher Lausbuben gelingt, ungezügelt in die Kreise einer bereits zivilisierten Gesellschaft einzudringen. Wohin das führt? Ich wollte, ich wüsste es!

Der Milli-Laden (Milchgeschäft) war diesmal Ziel eines infamen Anschlags. Zwei, nennen wir sie vorsorglich »Hundskrüppel«, begaben sich mit einem Blechnapf in den Milli-Laden und verlangten Schlagrahm. Die freundliche Milchfrau war sofort bereit, die Bitte in die Tat umzusetzen. Sie nahm den Rahm mit in den hinteren Raum, um ihn zu schlagen.

Die jungen Burschen nutzten die Gunst des Augenblicks. Als die Rahmschlaggeräusche gleichmäßig von hinten ertönten, lüftete einer den Deckel der großen Milchkanne und … spuckte hinein. Das entzückte den anderen, und er tat das Gleiche. Weil er aber eine Bronchitis hatte, flutschte ein Auswurf grünlicher Farbe und beträchtlicher Länge – so ein Exemplar wird im Volksmund gern »Auster des kleinen Mannes« oder auch »Lungenhering« genannt – in die gelblich weiße Milch. Nicht genug der schamlosen Tat, drückte der Erstere, vom Erfolg seines Kollegen angestachelt, ein Nasenloch zu und – schnäuzte schnell noch hintendrein. Dann, das Schlaggeräusch war verstummt, schlossen sie eiligst den Kannendeckel und nahmen freudestrahlend den cremigen Rahmhaufen der freundlichen Milchfrau entgegen, bezahlten artig, dankten und verließen das Geschäft. Um es kurz zu machen: Die Sache kam nie auf. Der Verdacht, den die Milchfrau hätte haben können, wäre, was die Täter betrifft, zu hundert Prozent berechtigt gewesen.

So aber konnten die beiden Hundskrüppel ihre Ruchlosigkeit unbehelligt genießen – für immer ungesühnt! Man muss sich das mal vorstellen: keine Ohrfeigen, keine Vorwürfe, keinerlei Hausarrest, kein Liebesentzug, nichts! Gar nichts!

DER PEMSI

Der alte Pemsi war der Vater vom jungen Pemsi und der wiederum war ein Kindkollege von mir. Der Spruch »Der Pemsi muss in den Kühlschrank«, den sich der junge Pemsi x-mal anhören musste, kam so zustande: Das Regiment führte die Frau Pemsi – sowohl im Metzgerladen als auch sonst. Der Pemsi, also der alte Pemsi, war Metzger – und man sah ihn nur sehr selten, weil er sich immer im Kühlschrank beim Fleisch aufhalten musste.

Man hat sich das Ganze so vorzustellen: die Metzgerei – ein Raum – nicht allzu groß. Überall hängen Würste, auf der Theke die Kasse und daneben der warme Leberkäs. Dahinter der Kühlschrank, der war immer geschlossen, und da war der alte Pemsi drin.

Wenn jetzt die Kundschaft z. B. ein Gulasch wollte, dann schlug die Pemsin mit dem Stock an den Kühlschrank, manchmal musste sie öfters hinschlagen, vielleicht weil der Pemsi eingefroren war. Wenn der Pemsi dann die Türe einen Spalt öffnete, schrie die Metzgersfrau ganz laut: »Gulasch für die Frau Lammerdiener!« Es dauerte eine Weile, dann langte eine rotgefrorene Hand das Gulasch aus dem Kühlschrank. Die Pemsin entriss die Ware und die Hand verschwand wieder in der Kälte. Ab und zu – so wie wenn eine Kaulquappe nach Luft schnappt – schoss der Pemsi aus dem Kühlschrank und wärmte sich die Hände am warmen Leberkäs. Aber nicht zu lange – dann sagte seine Frau: »So – gscht, gscht – des langt schon!«, und der ganze Pemsi verschwand wieder in seiner abgeschlossenen Arktis.

Eines Tages, weil durch den Krieg das Nachbarhaus eingestürzt war, fiel auch das Haus, wo die Metzgerei drin war, in sich zusammen. Da der Vorgang in Etappen vonstatten ging, konnten sie sich retten. Der junge Pemsi, seine Mutter und die Kundschaft.

Unter äußerster Lebensgefahr war die Pemsin noch mal ins Geschäft zurückgerannt – »Jessas, die Kasse! – Die Kasse, die Kasse ist noch drin!« Triumphierend kam sie mit der Barschaft heraus und alle Leute haben gratuliert. Nur, na ja klar, ich weiß, ich brauch es eigentlich gar nicht mehr erzählen, der Pemsi hat nichts mitbekommen. In der Aufregung hatte man vergessen, ihm die veränderte Situation mitzuteilen und an die Kühlschranktür zu klopfen. Sicher ist er den Kältetod gestorben, wie der Polarforscher, dessen Name mir jetzt nicht einfällt. Der junge Pemsi machte dann eine Lehre bei einem Heizungsbauer – und wir verstehen sicher alle warum.

DER HAUSL

Der Hausl vom Millionär war der Floki und er musste schauen, dass der Garten, oder besser Park, immer geschleckt war. Natürlich durfte keiner hinein und den Rasen betreten, weil alles, was von außen hereinkommt, sind Schädlinge, und der Floki hat ein Gewehr, und wenn einer unbefugt ist und hereinkommt, dann erschießt er ihn.

Eines Nachts, als er wieder einmal den Park gemäht hatte und alles wie ein Teppich gestutzt war, wurde der Anschlag verübt. Überall im Park wurden kleine Erdhügel verteilt und es sah auch so aus, als ob eine riesige Schermausfamilie ein Sommerfest gefeiert hätte.

Der Floki hat, als er am Morgen den Zustand seiner Wiese sah, tatsächlich einen

Warnschuss abgegeben. Aber da es in Wirklichkeit keine Schermäuse oder Maulwürfe gab und die Täter keine Anstalten machten, sich zur Tat zu bekennen, war der Schuss eher einer in den Ofen.

SALTO MORTALE

Nicht nur, dass der Trompeter einen Gschwollschädel hatte und eine Erdbeernase, der Adde hatte auch eine Bierfahne, die für drei Nationalfeiertage ausgereicht hätte. Wir selber waren hinter dem Podium im Kurpark gut versteckt und wussten genau, wie wir vorzugehen hatten. Mit einem Hacklstecken, den ein Kurgast vermissen musste, zogen wir den Stuhl des Trompeters immer mehr an den Rand der Bühne. Bei jedem Solo, das der Adde schmetterte, indem er aufstehen musste, und er wie selbstverständlich den Applaus der Kurgäste entgegennahm, wanderte sein Stuhl in unsere Richtung. Der Adde erholte sich nach jedem Einsatz durch einen Griff zur Bierflasche, die wir immer mit dem wandernden Stuhl ebenfalls verschieben mussten, weil der Adde war ja nicht blöd.

Es wäre ihm doch sofort aufgefallen, dass die Flasche vorn war und der Stuhl hinten. Also besorgten wir die Symmetrie. Wenn ich sage »wir«, dann heißt das, dass der Roßberger natürlich auch dabei war, und der Adde, der Trompeter, war sein Onkel, aber ein nodiger Hund, der nie was spendierte, obwohl er auch noch der Pate vom Willi war. Mit so einem Onkel hat man Pech gehabt, das Gegenteil von einem Onkel aus Amerika! Aber jetzt hatte der Onkel Adde Pech, weil kaum hatte er das Trompetensolo fertig geblasen, setzte er sich, griff zur Bierflasche und kippte nach hinten über. Es war wirklich wie ein Salto rückwärts, aber natürlich unfreiwillig. Die Kurgäste schrien auf und die Musiker schauten verwundert auf ihren Kameraden, den es aus ihrer Mitte herausgehaut hatte. Unten im Gras flackend sagte der Adde ganz ruhig, ohne sichtliche Erregung: »Himmiherrgottkreizkruzifix, Zefix Alleluja«. Der Dirigent sagte, der Adde hätte hin sein können, und warum der Stuhl überhaupt so nahe an den Rand hatte gelangen können. Der Adde wusste es nicht und wiederholte noch einmal sein »Himmiherrgottkreizkruzifix, Zefix Alleluja«. Nachdem so alle überzeugt waren, dass er noch am Leben war, ging man langsam heim. In unserem Lokalblatt wurde auch von der Sache berichtet: »Salto Mortale beim Kulturgenuss« war der Titel. Meine Oma hat mir die Geschichte berichtet und dass der Trompeter noch am Leben sei. Da sieht man wieder, auf was die Zeitungen aus sind. Aber über die Tatsache, dass dem Roßberger Willi sein Onkel ein Geizkragen ist, der wo nie was hergibt, obwohl er Pate ist, darüber schreiben sie natürlich nichts.

SELTSAM

Früher habe ich von der alten Dame, sie hieß Zenta von Vegesack, bisweilen ein Zehnerl geschenkt gekriegt, um mir ein Eis zu kaufen. Aber seit sie zu meiner Mutter sagte: »Ich habe schon mit dem Zaren getanzt!«, und meine Mutter fragte: »Mit welchem, Gnä' Frau?«, seitdem habe ich nie mehr was gekriegt. Seltsam.

WINTERFREUDEN

Der Nymphenburger Kanal ist seit alters her im gefrorenen Zustand ein idealer Platz für Schlittschuhläufer, aber besonders fürs Eisstockschießen. Aber wie immer im Leben gibt es da welche, die stets über das Ziel hinausschießen – d. h. der Eisstock, der eingesetzt wird, um eine besondere Konstellation herzustellen – meinetwegen, um einen Gegner rauszuhausen, kommt pfeilschnell angerauscht. Verfehlt er aber sein Ziel, verlässt er die normale Bahn um Meilen.

Für geschulte Beobachter ist es natürlich leicht zu ersehen, dass dieser Eisstock erst in circa 30 – manchmal 40 Metern – zum Stehen kommt. Also mussten wir etwa in dieser Entfernung das Eis aufschlagen – es bündig machen und so präparieren, dass, kaum war wieder eine dünne Eishaut zu erkennen, diese mit Schneestaub zugedeckt, eine tückische Falle für den Eisstock ergab.

Die Vorfreude und die ziemliche Gewissheit des nahenden Erfolges vor Augen hat uns beflügelt und wir hielten uns – Arglosigkeit und Unbeteiligung vortäuschend – in der Nähe der zünftigen Moarschaft auf. Und Geduld lohnt sich auf alle Fälle. Irgendwann zischte der schwere Stock an der Taube vorbei, verfehlte sein Ziel, aber traf dennoch ins Schwarze. Sein Gewicht drückte auf die künstliche Falltüre, die wir bereitet hatten, und der Eisstock sank auf Nimmerwiedersehen auf den Grund des Nymphenburger Kanals.

Sein ehemaliger Besitzer fluchte gottserbärmlich – Worte wie: »Rotzlöffel gschtinkerte, Saubande miserablige, Dreckhammel elendigliche, Hundskrüppel derfeide, Saufratzen greislige, Halunken odraade, Misthund verreckte …«, klangen wie Musik in unseren Ohren. Aber solange kein Beweis da ist, muss die Unschuldsvermutung gelten. Und da es wie jedes Jahr wieder Winter wird, hoffe ich inständig, dass also Eisstockschießen weiterhin vielen Menschen große Freude bereitet.

KRIEG

Der Krieg muss gnadenlos gewesen sein. Ich vermute das aber aus einer neutralen Position heraus. Ich war kein Kriegsteilnehmer. Die Kriegsberichte wurden täglich im Obstgeschäft bei der Frau Zwickel erstattet, aber auch beim Delikatessen Humpel und in der Parfümerie Wilke, beim Schuhladen Steiger und im Antiquariat Wölfle – dort selbst auch gleich kommentiert, und die Lagebesprechungen waren für die Kundschaft und für die Geschäftswelt gleichermaßen das Ereignis schlechthin.

Der Krieg wurde geführt vom Fischgeschäft Seelos gegen die Konditorei Schneller. Es handelte sich quasi um einen Geruchskrieg! Wie man sich vielleicht denken kann, war der Aggressor das Fischgeschäft, das im Hinterhof der beiden Parteien mit seinen Forellen, Karpfen, Barben, Aalen, Hechten, Heringen usw. den Wohlgeruch von Rohrnudeln, Biskuitplätzchen, Lebkuchen, Schlotfegern, Meringues, Amerikanern und Holländer-Kirschtorten schlichtweg an die Wand drückte.

Als dann der Sommer kam und das Eis über dem Wassergetier schmolz, da eroberte der Fischgestank die ganze Straße und die weinende Konditorin fand schnell Verbündete, weil auch der Milli-Laden, ja sogar die Kohlenhandlung und alle anderen Ladenbesitzer um ihr Renommee fürchteten.

Briketts die nach Forelle riechen! – Wo gibt's denn so was!? Also, die Konditorin führte den Krieg mit vielen Alliierten – und gewann. Der Fischladen verschwand mir nichts, dir nichts, und ihm folgte, was damals üblich war, eine Bank. Aber dagegen hatte die Konditorin nichts, weil sie aussprach, was eine Binsenweisheit ist: »Geld stinkt nicht!« Oder doch? Jetzt erlaube ich mir darauf hinzuweisen, dass unser Kriegskindercharakter durch die vielen Auseinandersetzungen zweifellos geprägt war. Auch Inspiration war, wenngleich man die Zeitläufe damals als »die schlechte Zeit« betitulierte, genügend vorhanden.

Mein Kompagnon war damals der Herbert K. Er hatte familiäre Wurzeln in Ungarn und uns war das ungarische Geld rätselhaft, weil man bei uns nichts dafür kriegte, aber, wie man hörte, in Ungarn selber auch nicht! Wozu dann überhaupt ein Geld drucken? Nur ein Bankmensch konnte einem so eine Unlogik erklären, dachten wir. Also begaben wir uns in das ehemalige Fischgeschäft, um die ungarischen Geldscheine – Verrinnt oder so heißen sie – in etwas Brauchbares umzutauschen.

Aber in einer Bank herrscht ein anderer Stallgeruch als in einem Fischgeschäft. Der Bankler war ein Preiss, aber auch sonst irgendwie …? Na ja, ich will mich jetzt nicht länger über ihn auslassen, nicht damit das Gefühl aufkommt, ich wäre subjektiv gewesen. Der Bankler sagte barsch, wir sollten uns schleichen, er hätte keine Zeit! ER hat uns sicher nicht als Kundschaft und sich als Dienstleister eingestuft, und wir mussten uns tatsächlich unverrichteter Dinge verziehen. Dem Spruch »Adlerauge sei wachsam!« verdanke ich, dass diese schnöde Behandlung nicht folgenlos blieb.

Beim Delikatessen Humpel zwickten wir einen Rollmops, entrollten ihn sorgfältig und ließen ihn einige Tage in der Sonne gären. Danach machten wir uns abermals auf, um in der Bank unsere pekuniäre Transaktion abzuwickeln. Mir war nämlich beim ersten Besuch gleich aufgefallen, dass, obwohl die Bank neu renoviert war, eine Fußbodenleiste daumenbreit nicht mit der Wand abschloss. Das war der wunde Punkt. Während nun mein Spezi den arroganten Bankler über die ungarische Währung befragte, aus seiner Sicht also ein Fachgespräch führte, und dieser sich herabließ, ihm einen Vortrag über solche minderwertigen Zahlungsmittel zu halten, hatte ich genügend Zeit, den Rollmops tief unter die Leiste zu quetschen.

Es vergingen einige Tage, aber das Warten zahlte sich aus. Bei der Konditorin Schneller wurde das Thema ganz oben gehalten. In der Bank hatte sich ein Kunde übergeben müs-

sen. »Da reißen's den ganzen Boden auf« be-
richtete die aufgeregte Frau Bemmerl, »in der
Bank stinkt's nach Fisch, wie früher beim
Seelos!« Die Frau Schneller schenkte mir
ein Eis mit zwei Kugeln Vanille und Schoko,
und auch der Herbert bekam ein Himbeereis
umsonst!

SCHWARZES MEER

Im Haus Nummer 87 wohnte ein Neuankömmling, ein gewisser Tümmler, dem wo sein Vater beim Siemens so was wie ein Chef war. Sie hatten ein Aquarium mit Fischen drin, die es bei uns gar nicht gibt – weder im Eisbach noch im Kleinhesseloher See und schon gar nicht im Schliersee, wo es wirklich Seeungeheuer gibt, die einen, wenn man ersauft, als Leiche nicht mehr an die Oberfläche lassen. Das geht nur, weil das Wasser mit so was wie einem Riesenbierwärmer warm gehalten wird.

Jedenfalls, der Tümmler war ein guter Schüler, und wir sind hin zu ihm, um die Hausaufgaben im Rechnen abzuschreiben. Das war für alle Seiten vorteilhaft, weil wir brauchten dann nicht so viel Zeit verschwenden, um das Zeugs selber auszurechnen und er, der Tümmler Uli, durfte sowieso nicht auf die Straße, weil er so bleich war wie ein Kaasloabl, und damit er nicht in schlechte Gesellschaft kommt, sondern auch einmal zum Siemens, musste er immer daheimbleiben. Auf alle Fälle hat er uns dann alles ausgerechnet und wir mussten es nur abschreiben.

Mein Spezi E. H., ich möchte seinen Namen nicht der Öffentlichkeit preisgeben, weil er hat's nötig und außerdem macht jeder Mensch einmal einen Fehler, hat dann, als das Aquarium dunkel war, damit die Fische ausschlafen können, bis der Herr Tümmler am Abend vom Siemens heimkommt, ein Tintenfass, welches am Uli seinem Schreibtisch stand, ins Aquarium hineingeschüttet. Als wir draußen waren, haben wir uns wahnsinnig gefreut, weil mein Spezi gesagt hat, er hätte die Tinte nur reingeschüttet, damit sie es haben wie im Schwarzen Meer und das gibt's wirklich! Und da sehen sie auch keine Fische mehr und die Fische selber sehen auch nichts – und so. Der Tümmler Uli war ab da in einer

schwierigen Situation. Sein Vater hat ihm verboten, uns in die Wohnung zu lassen. Die
Hausaufgaben mussten wir dann notgedrun-
gen im Schulklo abschreiben. Aber auch das
ist nun schon wieder lang her und der Tümmler Uli ist dann, glaub ich, auch echt so was
wie ein Chef beim Siemens geworden.

DIE MÖWE

Der ganze Mensch war eine einzige Über-
raschung. Das Gesicht vor allem! Aber
ich meine jetzt nicht, weil das Gesicht über-
raschenderweise so auffallend war – das Gesicht des Mannes war ein Gesicht wie oftmals
Gesichter sind – ohne besondere Vorkomm-
nisse. Nur dieses jetzt folgende Vorkommnis
war eben die Ursache für dieses besondere
Gesicht.

Millesgården, im Juni, 15 Uhr 13.

Ein Museumsbesucher stellt sein Tablett
auf einen Gartentisch. Er hat sich in der Ca-
feteria ein Schnitzel Wiener Art erworben,
dazu das Übliche: Pommes frites, Ketchup
sowieso. Ein Schnitzel so groß wie ein Fris-
bee. Da fällt dem Mann, Gourmet, der er ist,

ein, dass er Pfeffer und Salz vergessen hat – muss er haben, das ist er der alten K. u. K-Küche schuldig.

Nachdem er im Lokal verschwunden ist, machen sich sofort 40 bis 50 Hausspatzen, echte Stockholmer Hänflinge, über die alleingelassene Mahlzeit her. Es ist eine Freude zuzusehen, wie das Geflügel sich als Okkasionsparasit skrupellos mit Eifer der opulenten Mahlzeit widmet.

Da erscheint der Schnitzeleigner wieder im Eingang zum Garten; Pfeffer und Salz in beiden Händen. Das Treiben auf seinem Teller gewahrend, beginnt sein Gesicht plötzlich erst überhaupt eins zu werden. Er stürzt sich ins ornithologische Gewühl, da! – ein Pfiff –, ein Schatten, ein schwerer Flügelschlag paralysiert Mensch und Geflügel. Ein Stuka in Form einer Riesenmöwe schießt über den Teller und wieder hinauf ins Firmament, das Prachtstück von einem Schnitzel im Schnabel.

Zurück bleibt ein Gesicht – ratlos, unbeholfen, wütend, unterlegen, bedeutungslos!

Bis damals hatte ich nicht gewusst, dass ein einziger Flügelschlag ausreicht, um aus einer Gesichtslosigkeit einen Charakterkopf zu machen.

Die Spatzen müssen sich irgendwie vertrollt haben, darum kann ich über sie auch keine Einzelheiten mehr berichten.

BOMBENSTIMMUNG

Nicht möglich! Unfassbar! So ein Glück!
Aber so ist das ja oft: immer wenn man
glaubt es geht nix mehr …

Wir hatten alles an Metall gesammelt, was
wir den Eingeweiden der Ruinen entreißen
konnten, und hatten es beim Alteisenhändler
Ranzinger abgeliefert. Das Entgeld war dürf-
tig, aber wir kannten den Spruch »Zeit ist
Geld« nicht – und außerdem waren wir mehr
Goldsucher, die ein Claim nach dem anderen
absteckten, und unser Kalifornien war eine
zerbombte Stadtlandschaft voller Geheim-
nisse, Gefahren und Abenteuer. Unser Gold
war ein Klingelknopf aus Messing, eine Was-
serleitung aus Kupfer, ein Stück Zinn – alles
Herrlichkeiten, Überbleibsel einer in Rauch

aufgegangenen Welt. Wir hatten sie aus dem Ungewissen, aus muffigen, dunklen fragilen Löchern mutig herausgeschnuffelt.

Da lag er! Der Schatz! Blinkend im Sonnenlicht, der Messingtürklopfer, gehoben von uns Maxvorstadtpiraten, dem Hansi, dem Sepp und meiner Wenigkeit. Der Erlös würde uns endlich genug einbringen, um beim Papierwarengeschäft Jakob die lang ersehnte Schachtel Stinkbomben zu erwerben. Echte Stinkbomben in Sägemehl gebettet, leider sauteuer, aber der Jakob war erstens nicht billig, außerdem – Fasching ist nun einmal Hochsaison –, und die Bombe wird danach wieder aus dem Verkehr gezogen. Das bedeutet im Klartext: Von Monat zu Monat steigert sich der Wert der Stinkbombe, die, fachgerecht eingesetzt, wirklich ein wahrer Born der Freude ist.

Sicher gab es Ersatzprodukte, die wesentlich billiger waren, wie Hundescheiße, Fischlauge oder ein Klassiker – das faule Ei. Aber eine Stinkbombe ist doch etwas ganz anderes. Man kann sie viel effektiver einsetzen, außerdem ist sie handlich und ihr größter Vorteil ist die Unverfänglichkeit des Abwurfs. Aber wie alles im Leben, was kostbar ist, man darf es nicht verschleudern. Also stellt sich die Hauptfrage: Wo soll sie platzen?!?

Der Hansi schlug den Einsatz im Klassenzimmer beim Fräulein Rabuschkin vor, die, wie er meinte, eine »blöde Sau« ist und immer so viel Hausaufgaben gibt. Der Sepp plädierte für eine Operation im Kino während der Film »Schneewittchen« läuft. Das wäre ein echter Anschlag, meinte er, weil dann alle etwas davon hätten.

Die Idee im Treppenhaus auf Nummer 81 ließen wir schnell fallen, weil, wenn ein Idiot schnell ein Fenster öffnet, ist es um den schönen Gestank gleich geschehen. Ich weiß noch genau, dass ich mit meinem Vorschlag, einer Freisetzung im Beichtstuhl beim Koprator Strohammer, viel Begeisterung und auch Anerkennung erhielt. Wenn da nicht der Hinreiner Rudi dahergekommen wäre. Obwohl er beim Auffinden des Messingtürklopfers nur unwesentlich beteiligt war, konkurrierte plötzlich seine Idee, die Bombe in der Parfümerie Wilke explodieren zu lassen, mit meinem Vorschlag. Klar, dass die Vorstellung durchaus freudvolle Gefühle erzeugt, aber – Spaß beiseite – welcher Variante würden jetzt Sie persönlich, ganz unparteiisch, den Vorzug geben? Mehr wie drei Bomben gibt es nicht! Schließlich regnet es nicht jeden Tag Messingtürklopfer.

EINE EMPFEHLUNG

Wenn Sie einmal, was ja heute immer häufiger vorkommt, Konflikte mit Nachbarn austragen müssen – wegen chronischer Unsympathie –, hier ein kleiner Tipp:

Man nehme einen Schuhkarton und fülle ihn mit Hundekot – diesen aber nicht zu trocken werden lassen! –, man verschließt den Karton, wickelt ihn in Geschenkpapier und tränkt ihn mit Spiritus. Es geht aber auch jede andere Art von Beschleuniger. Sodann legt man das Paket unbeobachtet vor die Haustür des Unsympathen und zündet es an. Danach betätigt man die Hausglocke und geht in Deckung. Schön ist, wenn man von dort aus eine gute Sicht hat, um alles, was dann folgt, beobachten zu können.

FUNDGRUBE

*D*er Alisi wollte sich am Faschingsdiens-
tag als Manager verkleiden und drum
brauchte er eine Krawatte. Die aber gibt's nur
beim Ausstattungsgeschäft Kögl, der übrigens, auch wenn man auf Beerdigungen muss,
alles da hat. Wir haben eine hässliche Krawatte gesucht und die Verkäuferin hat gesagt, sie
haben keine hässlichen vorrätig. Ich habe
aber insistiert, dass der Alisi eine wirklich
schiache Krawatte braucht, die selbst einen
Blindenhund zum Knurren bringt. Da ist dann
der Herr Kögl selber gekommen und hat uns
beraten, welche seiner Krawatten die ab-
scheulichste ist, weil er ist ein guter Ge-
schäftsmann und hat auch verstanden, dass,
wenn der Alisi als Manager geht, er aussehen

muss wie ein Arsch. Wir haben dann auch schnell so eine Krawatte gefunden und der Alisi hat gesagt: »Voller Erfolg!« Auf den Kögl ist eben Verlass, wenn man etwas Besonderes sucht.

ALLE NEUNE

Wahrscheinlich durch die Globalisierung – sowie Hightech und Computer – ist der Beruf des Ballbuben und des Kegelaufstellers leider wegrationalisiert worden. Alles ehrenwerte Tätigkeiten, die ihre Wertschätzung genossen, aber heute, wie gesagt, dem endgültigen Passé anheim gefallen sind.

Kegel aufzustellen ist nämlich gar nicht so einfach, weil der Kegler wünscht sich mit jedem Wurf einen bahnbrechenden Erfolg. Dieser Erfolg erzeugt bei seinen Mannschaftskameraden dann jedes Mal eine große Euphorie – die sofort in eine Runde Schnaps mündet und sich somit selbst aufrecht erhält. Das geht manchmal so weit, dass es auf Grund der vielen Promille zu Fehleinschätzungen bei der Trefferquote kommt, was aber niemanden daran hindert, gleich wieder die nächste Schnapsrunde einzuläuten. Kegelsportler kennen diese Regeln sehr genau und bemühen sich, sie einzuhalten. Der erfolgreiche Kegler läutet mit einer Glocke, welches für den Kegelbuben Bares *klingeling* bedeutet, also eine finanzielle Verbesserung in Form einer Prämie. Der Kegelbub – in diesem Falle ich – musste die Kegel so aufstellen, dass sie möglichst schnell – schon bei geringster Erschütterung – durch die sich herannahende Kugel umfielen. Ich wiederhole, die Nähe ist ausschlaggebend. Die Nähe zu den Kegeln – weil, wenn diese schon umfallen und die Kugel das erste Drittel der Bahn noch nicht zurückgelegt hat, werden auch die besten Kegler misstrauisch gegenüber ihrem Erfolg.

Alle Neune – oder ein Stier – oder ein Kranz, egal, bei mir gab's nur erfolgreiche Kegler, d. h. enthusiasimierte und somit sturzbesoffene. Jetzt wollen Sie vielleicht wissen, wie mir das gelang? Das ist ein Berufsgeheimnis und das wird es auch bleiben. Weitervererben hat auch keinen Sinn, weil kein Hahn mehr danach kräht.

Aber bitte halten Sie mich nicht gleich für einen Angeber, wenn ich doch ein wenig Stolz empfinde und ich auch etwas melancholisch werde: In der Branche der Kegelaufsteller war ich wirklich ein ganz Großer! Ich meine, das ist Grund genug, endlich meine Memoiren diesbezüglich zu schreiben, und jetzt brauche ich doch auch einen Schnaps.

DER BIASCHI

Dass nicht jeder Mensch ein Held sein kann, ist einzusehen. Dass in den Gaststätten nicht nur Heroen sitzen, die dem Wirt die Stirn bieten gegen die Zumutungen, die ihnen serviert werden, Schwamm drüber, aber der Gast ist doch auch ein Mensch, oder? Noch dazu, wenn er, wie es heißt, die Zeche bezahlt! Aber das, was wirklich schwer zu verstehen ist, das ist die häufig im Gast sitzende Feigheit – manchmal könnte man direkt sagen Würdelosigkeit –, wenn es so weit kommt wie in der Wirtschaft zum A… Ich nenne diese Lokalität absichtlich nicht beim Namen, damit man unbeeinflusst weiterhin hineingeht und sich persönlich überzeugen kann, ob es stimmt, was die Gerüchte hergeben.

Also der Wirt, der Herr G., hat einen großen Hund. Einen Boxer, den Biaschi, der, wie
man sagt, immer so … schlabbert. Sobald ein
Gast etwas zu essen hingestellt bekommt,
trieft es dem Biaschi aus der Schnauze heraus, und er legt seinen Kopf auf dessen Knie
und schlabbert vor sich hin.

Meistens wollen die Gäste das feuchtelnde
Ungeheuer abschütteln, aber – die Anhäng-
lichkeit des Untiers ist penetrant und nicht
einzudämmen. Dies erschwert den Essens-
vorgang enorm. Bisweilen entfährt dem Wirt,
dem Herrn G., ein gleichgültiges: »Und?
Schmeckt's?« Fast immer nicken die Gäste,
manch einer sagt » … Doch! … nnn … ja!«,
die Aussichtslosigkeit, den auf seinem Knie
schlabbernden Hund loszuwerden, erken-
nend. Sollte, was auch schon vorgekommen
ist, ein Gast tatsächlich mit trotziger Zivilcou-
rage »Nein!« gesagt haben, bricht die Hölle
los! Der Hund bellt fürchterlich und geifert
mit gebleckten Zähnen. Der Wirt schreit
dann: »Schaun'S, dass 'S 'nauskommen! Ich
will Ihnen da herin nie mehr sehn!« Die Gast-
unfreundlichkeit vom Wirt ist echt und nicht

gespielt, auch der Hund ist nicht ironiebegabt. Nebenbei wäre noch zu erwähnen, dass der Hund nie – jedenfalls ich hab's nie beobachtet – das frisst, was die fliehenden Gäste stehen lassen. Und auch dem Wirt selber muss man zubilligen, dass er es seinem Biaschi auch nicht vorsetzt, sondern es ordnungsgemäß im Abfalleimer entsorgt.

Im Augenblick ist der Biaschi übrigens auf Diät. Er macht eine Wurmkur.

DER BÜCHSENGOURMET

Mein Spezi Herbert ist ein Gourmet – ohne Spaß und Ironie. Er isst den Hering in der Tomatensoße aus der Büchse bei halb geöffnetem Deckel, er lehnt es prinzipiell ab, einen Teller zu benützen, weil der Büchsenfisch muss nach Büchse schmecken. »Das Büchsige, Metallische gibt dem Fisch den Kick«, sagt er. Er kratzt die letzten Fischbrocken mit der Gabel aus dem hintersten Teil der Büchse – er fischt sie sozusagen heraus –, weil er will nicht, dass durch völliges Abdecken der Büchse der Fisch dem Tageslicht ausgesetzt wird. Zur Mahlzeit schaltet er den Fernseher an, isst aber ohne dem Programm besondere Aufmerksamkeit zu schenken. »Das Tomatige wird in der Dose sehr gut konserviert«, sagt mein Spezi. Er trinkt gerne mal eine Tasse Kaffee zu der Eventmahlzeit. Auch Curry und Fisch ergäben eine gute Symbiose, meint er.

Aber, ist die Büchse einmal geöffnet, soll man den Inhalt gleich verzehren, weil das Curryaroma verlöre an Spannkraft im Kühlschrank. Die Tomate hingegen ist resistenter, was den Vorteil hat, dass einem der Zeitpunkt des Verzehrs nicht aufgezwungen wird.

Bisweilen habe ich meinen Spezi ertappt, wie er zum Büchsenfisch auch schon mal einen Barolo getrunken hat oder einen Chablis. »Die Qualität des Weines hängt davon ab, von wem man ihn geschenkt bekommen hat und wann. Aber Bier geht genauso«, sagt er, und man solle nicht vergessen, nach dem Schlemmen das Fernsehen wieder auszuschalten, weil die vielen Kochsendungen gingen einem unweigerlich auf die Nerven.

LOGISCH

Wenn man sich im dritten Stock befindet und unten, ganz unten, ist ein Buchladen, wo Leute aus- und eingehen und enorm wichtig dreinschauen, und man sieht das alles so von oben, vom dritten Stock aus, und einem gehört die Wohnung nicht, also wenn man praktisch selber nicht in dieser Wohnung wohnt, sondern nur mal so vorbeischaut, bei einem guten Spezi zum Beispiel, der rein zufällig noch zwei rohe Eier im Kühlschrank hat, die man eigentlich kaum mehr braucht, jedenfalls nicht gleich, ja dann liegt es doch auf der Hand, dass man sich auch einmal eine Freude macht und die zwei Eier in dem rohen Zustand, in dem sie sind, vom dritten Stock hinunterrauschen lässt.

Freilich – das gebe ich zu – ein edles Motiv ist das nicht! Aber eine Mordsgaudi, wo man doch noch lange genug im Leben immer vernünftig sein muss.

PREIS – LEISTUNG

Vom Hinterschwöpfinger Berti wurde behauptet, dass er gegen Geld alles tut. Wenn man ihm ein Fünferl gab, dann bieselte er in die Hose; in die Hose scheißen kostete bei ihm 10 Pfennige, auch damals schon für uns ein Heidengeld. Wenn man wollte, dass er eine Ameise frisst, kostete das nichts, aber eine Schnecke schlug ebenfalls mit einem Fünferl zu Buche. Dem Bäcker Gacki, einem notorischen Noagerlzuzler (jemand, der sich über anonyme Bierreste hermacht), hatten wir einmal eine Zündholzschachtel voller Ohrwuzler in sein Glas geschüttet, aber der Berti hat auf Anforderung und gegen Barzahlung auch sie gefressen. Alles an Insekten verzehrte er anstandslos und wurde, obwohl noch ein praktizierender Hosenträträ, bald ziemlich vermögend. Er war einer der Ersten, der mit Rollschuhen durch die Straße sauste und er war es auch, der einer gewissen Inge einen Zungenkuss gegeben hat. Also ihm grauste es vor gar nichts. Der Hinterschwöpfinger war wirklich das, was man einen echten Hundling nennt.

DER SANDKUCHEN

Der Sandkuchen als Bestandteil der mitteleuropäischen Küche macht manchmal seinem Namen alle Ehre. So bei der Frau Haberl, die den Sandkuchen und sein Zustandekommen noch vor dem Krieg erlernt hatte.

Die Frau Haberl war die Mutter von meinem Spezi Manni – und weil der Manni den Übertritt in die nächste Klasse geschafft hatte und diesmal ich – wie durch ein Wunder – auch, kam ich in den Genuss des berühmten Sandkuchens von der Frau Haberl. Ihre Vermutung, »Sicher will er ein großes Stück«, wollte ich eigentlich nicht gerne nähren, aber es gibt so Situationen im Leben, denen kommt man halt nicht aus.

Ich fügte mich meinem Schicksal und schob einen Brocken in den Mund – und dann war ich wirklich schwer beschäftigt. Wo um Himmels willen kriegt man nur die Mundflüssigkeit her, um so ein trockenes Gebilde aufzuweichen? Der Sandkuchen füllte meinen ganzen Rachenraum aus, sodass mir, hätte ich den Mund geöffnet, um ein Getränk zu mir zu nehmen, ein Großteil des Sandes aus dem Gesicht gefallen wäre. Verzweifelt presste ich die Lippen zusammen und atmete ganz flach, um nicht den Puderzucker in die Luftröhre zu bekommen. Ein Hustenanfall wäre die Folge gewesen! Ich verhielt mich ruhig und wartete ab, hin und wieder die Anstrengung unternehmend, ein Stück der mich blockierenden Masse hinunterzuwürgen.

Die forsche Frage der Frau Haberl: »Schmeckt's?«, beantwortete ich mit einem Nicken. »Gell, des is guat!«, sagte die Frau Haberl. Ich nickte wieder. »Du hast mir gar ned gsagt, dass dein Kamerad so gern Sandkuchen mag!«, warf sie Manni vor. Der aber zuckte nur mit den Schultern. »Gleich noch a Stückl!«, sagte die Frau Haberl jetzt zu mir,

»es ist noch genug da!« Mit der Kuchen-
schaufel hievte sie mir ein neues Stück auf
den Teller und schaute mich erwartungsvoll
an. »Der Manni macht sich nix aus Sandkuchen«, sagte sie mit leicht enttäuschter Mie-
ne. »Aber dass da einer ist, der wo meinen
Sandkuchen schätzt, ist mir eine besondere
Ehre! Nur nei damit! Es ist noch genug da!«,
wiederholte sie. »Du kannst auch noch was
mit heimnehmen!« Ich hätte jetzt »Gerne!«
sagen wollen, aber ich war, wie bereits geschildert, verstummt. Einige Brösel kitzelten
mich jetzt am Zäpfchen und der Hustenanfall
war unvermeidlich. Ich prustete und spie den
ganzen Sandkuchenbrocken, der wie ein
Schwamm alle Hohlräume meines Schädels
verklebt hatte, auf den Teller, dann aufs Kana-
pee und schließlich auf den unechten Perser-
teppich der Frau Haberl. Diese schlug wie
wild auf meinen Buckel, um mein Ersticken
zu verhindern, und sagte: »Ja, wenn's einem
schmeckt, dann kann's schon sein, dass man
sich amal zu viel zumutet.« Kaum hatte sie die
mir entfallenen Sandstücke mit der Schaufel
aufgenommen und entsorgt, kam die nächste

Aufforderung: »Aber jetzt!« Wahrscheinlich durch die Atemnot willensschwach geworden, steckte ich mir wieder ein Stück in den Mund. Vorsichtig zwar und mit Bedacht, und auch ein kleineres Stück, … aber: Der Effekt war ähnlich.

Ich hätte vorher was trinken sollen, mein Rachen war wieder trocken wie eine Spanplatte.

Zurück von der Toilette, die meinen Racheninhalt gnädig aufgenommen hatte, meinte die Frau Haberl, ihr sei aufgefallen, dass ich etwas blass sei und an meiner Einsilbigkeit merke man gleich, dass mit mir armem Kind irgendetwas nicht stimmen könne. Sie drückte mir den Rest des Sandkuchens mit der Empfehlung in die Hände, ich solle ihn daheim nur gleich verzehren, sonst würde er trocken, und gerade für einen wie mich, der so gerne Sandkuchen äße, wäre das doch jammerschade.

DIE HAFTPFLICHT-PRÄMIENFINDUNG

Der Max ist ein Unsicherheitsfaktor, hat der Versicherungsmensch gesagt, und die Haftpflicht würde nur eingeschränkt wirksam, wenn die edukativen Maßnahmen beim Max nicht greifen.

Ich habe schon verstanden, was das auf Deutsch heißen soll, auch wenn es sehr geschwollen geklungen hat. Der hat das schon auch so gesagt, als ob es ihm wurscht ist, ob der Max versichert ist und dem seine Mutter hat dann geweint, über so eine Gemeinheit.

Dass er dem Rudi seine Märklin Eisenbahn zum Fenster hinausgeschmissen hat – vom 3. Stock – stimmt nur zum Teil, weil wir waren ja zu dritt und eigentlich haben wir ja nur Eisenbahnunglück gespielt.

Ob der Max häufig allein ist, hat er auch noch gefragt, und ob das Milieu, in dem er sich aufhält, sozial günstig ist. Damit hat der Arsch uns gemeint. Dabei geht es die Versicherung einen Dreck an. Einen Fragebogen hat seine Mama auch noch ausfüllen müssen, und da wollten sie wissen, ob der Max gerne mit offenem Feuer spielt, wegen der Brandstiftung, und dass das ungeheuer viel kostet, und ob die Versicherung es zahlt, wenn der Max einmal irgendwie ein Feuer macht, ist unwahrscheinlich.

Der Rudi und ich sind jedenfalls nicht versichert, genauso wenig wie der Max. Aber dass sie uns in der Straße so komisch anschauen, hat sicher nichts damit zu tun, aber todsicher damit, dass man ja weiß, dass wenn einmal irgendwann vielleicht ein Brand oder so was ausbricht, die Versicherung sich vor dem Zahlen immer drückt.

DAS PANORAMA

Das Panorama ermöglicht jedem Wallfahrer, der nicht selber ins Heilige
Land fährt, sich doch und trotzdem genau zu
informieren, wie sich das Ganze mit Jesus
und so zugetragen hat. Das Panorama in Al-
tötting genießt hohes Ansehen, weil man
wirklich von Bethlehem bis Golgatha alles im
Griff hat und auch hinter und vor dem See
Genezareth und auch da, wo das Abendmahl
war und so weiter. Nachdem man alles be-
sichtigt hat, ist unweit ein Wirtshaus und somit kann man die Leidensgeschichte auch
gleich gastronomisieren. Ebenfalls ganz in
der Nähe wohnte mein Kamerad, der Ismeier
Mamfred, und im Hof hielten sie Hühner
und Hasen, aber nur um es gleich vorweg zu

sagen, nicht nur so aus vegetarischen Gründen, das weiß ich genau, sondern schon auch aus anderen!

Als einmal das Panorama sperrangelweit und unbewacht offen stand, da haben wir dann ein paar Hühner herausgenommen und haben sie ins Panorama hineingesetzt und es war wirklich sehr schön zuzusehen, wie sich die Hühner in Palästina eingelebt haben. Den Viechern hat es richtig getaugt. Es ist doch auch etwas ganz anderes, wenn man anstatt in einem Stall auf sein Grillhendl-Schicksal zu warten, einmal die Gegend um Sinai kennen lernt und auch kurz einen Abstecher nach Nazareth machen kann. Die Mirzl, die Bedienung vom Bannwart, hat mich gefragt, ob ich nicht eine Ahnung hätte, wie das Geflügel ins Panorama hatte gelangen können, und dass sich die ganze Christenheit aufgeregt hätte, über eine solche Sauerei. Die Wallfahrer wollten nun mal keine Hühner am Ölberg oder im Garten von Gezemaneh herumpecken sehen. Ich kann das nicht verstehen – und bin ja auch kein Wallfahrer –, aber letztendlich sind Hühner im Panorama doch ein einmaliges Phänomen und für den Wallfahrer ist ein Wunder doch auch was Schönes.

MUSENKUSS

Weil die Neue Akademie immer ein so schlechtes Wirtshaus gewesen ist und so mancher Gast mit Spätfolgen zu rechnen gehabt hat, möchte ich mit Stolz auf ein Gedicht hinweisen, das aus eigener Feder stammt und wo nur der Herbert K. mitgedichtet hat. Wir haben es seinerzeit neben die Speisekarte hingepappt und es lautete:

Der Rindsbraten
Die Flaxen die darin –
sie sind gar hart zu beißen
und sie auch noch auszuscheißen
ist fürwahr mit recht viel Glück
ein regelrechtes Meisterstück

P. S.: Das Wirtshaus ist dann doch irgendwann eingegangen, aber das Gedicht kann
man auch in Hundert Jahren noch lesen, und
damit beweist sich, dass das Geistige immer
überlegen ist.

DER MAXI

Die Vorfahren vom Maxi kamen aus Syrien. Aufgewachsen ist er in der Max-Vorstadt und war eigentlich ein Untermieter. So wie wir auch. Der Hauptmieter war der Assessor Schnyder. Am Telefon sagte er immer: »Schnyder, wie Schneider ohne e aber mit y.« Jedenfalls war er kein Freund vom Maxi, das habe ich schriftlich, weil er meiner Oma geschrieben hat, er dulde keine Ratte in der Wohnung. Der Maxi ist aber ein Hamster und keine Ratte. Meine Oma hat immer wieder gesagt, dass die Menschen keine Fantasie haben und damit beginnt das Malheur. Der Natur nach ist der Maxi ein Nager, aber er ist auch sehr mobil – in der Zuckerdose war er gerne drin, auch im Butterfass,

und besonders liebte er die Haferflocken –,
was den Assessor beim Entdecken einer seiner Ausflüge dazu veranlasste, um Hilfe zu
schreien.

Das ist der ewige Rattenkomplex. Meine
Oma und ich, wir haben gekämpft wie die
Löwen, aber es war umsonst, weil alle anderen Mieter sich mit dem Assessor Schnyder
solidarisiert haben, und wie man weiß, verstehen auch die Staatsanwälte und die Richter
nicht viel von Ländern wie Syrien, wo es viel
Sand gibt – und dass ein Nager mit derlei
Stammbaum gerne auch einmal unters Parkett
schlüpft, will solchen Herren einfach nicht
einleuchten.

»Entratzifizierung« – wenn man das schon
hört. Der Maxi war sein Lebtag lang ein Sin-
gle. Er hatte keine Nachkommen! Er muss
den Gegenwind gegen sich sehr wohl gespürt
haben und hat sich verpfiffen, und obwohl
meine Oma und ich verzweifelt gesucht haben, wurde er nach drei Wochen – es war an
einem Freitagmorgen, so gegen 7 Uhr 30 – in
der Milchkanne einer Untermieterin, der Ge-
neralstochter Ida Reber, gefunden.

Ich habe die Beerdigung selbst vorgenommen, im Hinterhof der Amalienstraße. Nur wenige Trauergäste waren anwesend. Meine Oma und der Kreiß Herbert – vom 1. Stock –, sonst niemand. Das war schon sehr trist damals. Und auf den Assessor Schnyder, wie Schneider ohne e aber mit y, habe ich heute noch eine Mordswut. Immer hat er zu meiner Oma gesagt: »Wir Deutsche müssen zusammenhalten.«

Aber ich halte nicht zusammen und irgendwann finde ich schon was, dass er ausrutscht auf der Treppe oder im Gang. Das habe ich mir fest vorgenommen. Eine Kernseife habe ich mir schon besorgt.

DIE LETZTE FORELLE

Als der Kunstmaler Gustl Kallert starb, hatte er davor noch eine Forelle gegessen. Davor! – Seine Frau legte immer Wert darauf, den Zeitpunkt des Ablebens hervorzuheben. Davor! – Erst die Forelle! – dann der Exitus. Es hatte sich um eine Forelle Müllerin gehandelt. Sie erreichte den Kunstmaler heiß und mit allen dazugehörigen Beilagen.

Wäre der Tod in der falschen Reihenfolge eingetreten, also erst Exitus – dann die Forelle, wäre der Fisch kalt geworden und keinem wäre er im Gedächtnis haften geblieben.

Ich kann mich noch gut erinnern, weil der Onkel auch nackerte Weiber gemalt hat, und das hat mich schon sehr interessiert, weil in der Schule haben wir so was nicht gelernt, und außerdem hätte man so was beichten müssen, beim Koprator Strohammer. Aber ich habe geschwiegen.

Einmal durfte ich auch mit dem Onkel ins Dachauer Moos, wo er die Landschaft gemalt hat. »Und hinterher gehen wir ins Wirtshaus«, hat der Onkel gesagt. Das Bild war wirklich schön. Bäume und eine Wiese und ein Bach und ein Schupfen. Der Onkel hat sich sehr gefreut, dass ich ihn gelobt habe, und dann hat er auch Wort gehalten und wir sind ins Wirtshaus gegangen. Ich habe einen Leberkäs mit Ei gekriegt und er hat eine Forelle Müllerin gegessen. Und den Rest brauche ich nicht mehr zu erzählen.

DER RINDSBRATEN

*I*n einem Gasthof sitzt ein soignierter Herr im Anzug, sicher wohlhabend, würdig – und wartet. Es dauert, bis die Kellnerin, ein Riesenweib, mürrisch, grundsätzlich widerwillig – der Gast ist ihr natürlicher Feind –, ihm die Speisekarte aushändigt. Der Herr studiert sie von oben bis unten, ist unschlüssig, zögert. Er will beraten werden. »Was können Sie mir denn Schönes empfehlen?«, lautet seine Frage, höflich, bescheiden, nicht die Spur anheischig. Die Kellnerin betrachtet den Gast von oben. Haltung und Gesichtsausdruck widerspiegeln ihre Geringschätzung, ja Verachtung dem Gastwesen gegenüber. Dann lässt sie ihre klare Entscheidung auf den Herrn nieder. »Geh' weider, du frisst an Rindsbraten!«

UNGEREIMTHEITEN

Ich würde schon auch einmal gerne ein paar Fragen stellen dürfen. Zum Beispiel: Hört denn das mit dem Fliederstehlen nie auf? Aber solange es es gibt, warum verkauft man ihn dann teuer im Blumengeschäft? Nur wegen dem Muttertag? Und ob das mit dem Fröscheprellen wirklich eine Gemeinheit ist? Ich habe mir zwar deswegen mehrmals ein paar Fotzen eingehandelt, aber dem Frosch selber ist es nicht zugute gekommen, weil er jetzt ausstirbt, und als Wetterfrosch funktioniert er sowieso nur, wenn im Glas Fliegen sind.

Oder nehmen wir den Maikäfer: Wenn er in der Schachtel drin ist und Löcher hat zum Schnaufen, warum kriegt er dann immer Kastanienblätter zum Fressen, wo ein jedes Kind weiß, dass er sie nicht ausstehen kann! Aber so ist halt die Tradition!

Dass der Ismeier Mamfred ein Bettnässer gewesen sein soll, kann schon sein – aber warum haben sie ihn dann trotzdem immer gefragt, was er werden will? Ich werde bestimmt einmal Direktor von einem Flohzirkus, weil die Flöhe alles mitmachen und auch gerne trainieren. Das bisschen Blut, das sie brauchen zum Leben, kriegt man immer her, auch wenn a mal eine Rezession daherkommt und auch die Schule und die ganze Bildung nicht mehr so wichtig sind. Die Flöhe sind intelligent genug und man kann allerhand von ihnen lernen, ohne dass man dafür ein Zeugnis kriegt. Feuerschlucker würde mir auch gefallen, selbst wenn man damit, wie der Noichl meint, kein Beamter werden kann.

Ansonsten hoffe ich, dass wir immer kein Geld haben daheim, damit ich in den Ferien dableiben kann und nicht wie der Hinreiner Rudi oder der März Wolfgang wegfahren muss, in ein Hotel, da wo es so heiß ist. Gerade zu der Zeit, wenn es Kaulquappen gibt und man so viel damit anfangen kann – und meine neue Zwistel ist saugut, da kann man einem sogar die Zigarre aus dem Mund schießen, wenn man trifft. Aber der Rudi muss jetzt weg und seine Zwistel darf er auch nicht mitnehmen nach Spanien, weil dort lauter interessante Menschen sind.

Mein Baumhaus ist bald fertig und die Verteidigung könnte beginnen. Acht Pfeile hab' ich schon, aber wie gesagt, die Feinde müssen jetzt alle ans Mittelmeer, aber wenn sie zurückkommen, dann stinkt es ihnen, weil ich wieder beim Schwarzfischen war und außerdem – wenn ich wieder einen Eimer voll Kartoffelkäfer gesammelt habe, kann ich mir auch ein Eis kaufen!

Und was mich besonders freut, ist, dass unsere Lehrerin, das Fräulein Rabuschkin, heiratet und wegzieht. Da hat meine Mutter recht, wenn sie immer sagt: »Selten ein Schaden, wo kein Nutzen dabei ist!«

Dr. Arnulf Schmitz-Zceisczyk

»Wieder verblüffend und erschreckend nah
am Rande der Realität.«
Frankfurter Allgemeine Sonntagszeitung

Mit Dr. Arnulf Schmitz-Zceisczyk fügt Gerhard Polt seinem
subversiven Panorama der Gegenwart den Charakter des
beschäftigten Privatiers und Zweitwohnungsbesitzers hinzu
und zeichnet ihn dabei so real, dass man ihn zu kennen glaubt
und ihn zugleich gar nicht kennen möchte. Der Großkotz vom
Tegernsee mit der feschen Joppe schwelgt in Hummerweiß-
würsten, Bordeaux-Wein und dem echten, »urigen« Lebens-
gefühl. Muss er mal weg, wird ihm eines klar: Daheim am Tegernsee ists halt doch am schönsten.

Die neusten Geschichten
gebunden, 144 Seiten
978-3-0369-5877-4
Auch als eBook erhältlich

www.keinundaber.ch

Ich muss nicht wohin, ich bin schon da

»Gerhard Polt findet zu diesen ganzen Fragen des Seins in seinen gesammelten Interviews von 1990 bis jetzt Antworten. Andere Antworten, überzeugende Antworten.«
der Freitag

Gerhard Polt spricht in zahlreichen Interviews über das Einfach-nur-Dasitzen, das Böse und Gute im Menschen, Weißwurst, Bier und den Schweinsbraten, die Bühne, das Reisen und Beobachten und das, was Humor ausmacht.
Die von Polts Humor geprägten, tiefgründigen Gespräche verknüpfen sein Werk und sein Schaffen über die Jahre hinweg mal mit aktuellen Ereignissen und mal mit der zeitlosen Frage nach der richtigen Umgebung, Musik und Veranlagung, um einen Schweinsbraten zu essen.

Die besten Interviews
Mit Fotos von Herlinde Koelbl
gebunden, 238 Seiten
978-3-0369-5878-1

www.keinundaber.ch

Mit Respekt

»Gerhard Polt ist nicht nur ein großer Kabarettist und Schauspieler, er ist auch ein Wortfinder und Welterklärer.«
Deutschlandradio Kultur

Hinter Gerhard Polts unvergleichlicher Bühnenpräsenz, in der er seine Figuren scheinbar nur so dahinreden lässt, verbergen sich fein ziselierte und facettenreiche Blicke auf die Menschen und unsere Welt. Es sind seine genauen Beobachtungen, sein Durchdringen unterschiedlichster Charaktere, die elliptischen Satzkonstruktionen, die exakte Wortwahl und sein wohlwollendes Interesse am Menschen, die Gerhard Polts große Kunst ausmachen.
Die aktualisierte Werkausgabe in vier chronologischen Bänden versammelt sein bis zum heutigen Tag geschaffenes Werk. Einzelne der Stücke, Dialoge und Monologe sind in Zusammenarbeit mit Hanns Christian Müller entstanden.

Geschichten, Stücke, Monologe und Dialoge
Einzelne in Zusammenarbeit mit Hanns Christian Müller
broschiert, 368 Seiten
978-3-0369-6139-2
Auch als eBook erhältlich

www.keinundaber.ch

Nikolausi

»Für Weihnachtsmuffel ist Gerhard Polt
die stärkste Ersatzdroge.«
Die Welt

Mit Gerhard Polt durch den Advent. Grantelnd begleitet er uns durch die Zeit vor beziehungsweise nach Fasching, in der Nikoläuse ohne Gewerbeschein wahllos Menschen sentimentalisieren, in der wir uns den Weg durch jingle-verbellte Kaufhäuser bahnen und uns weihnachtliche Nebenwirkungen ins Weißbier spucken. Denn Gerhard Polt weiß: Steht erst mal der Nikolausi vor der Tür, ist auch der Heilige Abend unvermeidlich.

Alles über Weihnachten
broschiert, 128 Seiten
978-3-0369-5985-6
Auch als eBook erhältlich